环游世界历史博物馆

智慧鸟 编绘

中国地图出版社

·北京·

图书在版编目（CIP）数据

环游世界历史博物馆 / 智慧鸟编绘. –– 北京 : 中国地图出版社， 2023.7

ISBN 978-7-5204-3283-2

Ⅰ.①环… Ⅱ.①智… Ⅲ.①世界史—儿童读物 Ⅳ.①K109

中国版本图书馆CIP数据核字(2022)第238420号

HUANYOU SHIJIE LISHI BOWUGUAN

环游世界历史博物馆

出版发行	中国地图出版社	邮政编码	100054	
社　　址	北京市西城区白纸坊西街3号	网　　址	www.sinomaps.com	
电　　话	010-83490076　83495213	经　　销	新华书店	
印　　刷	保定市铭泰达印刷有限公司	印　　张	6	
成品规格	245 mm × 235 mm			
版　　次	2023年7月第1版	印　　次	2023年7月河北第1次印刷	
定　　价	29.80元			
书　　号	ISBN 978-7-5204-3283-2			

前言

历史是神秘悠久的，也是光辉灿烂的。考古学家的辛勤工作使得许多埋没在历史长河中的文物古迹重见天日，让我们为之惊叹。此绘本罗列了全世界10个著名的历史博物馆和考古博物馆，图文并茂地讲述了每个博物馆的镇馆之宝和特色文物，能让小读者充分感受到人类数千年来的辉煌文明以及历史长河中的点点滴滴。埃及法老王的诅咒真的存在吗？秦始皇的陵墓中埋藏着什么样的秘密？让我们尝试从这本书中找到答案。

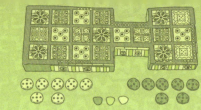

目录

故宫博物院

　　成立于 1925 年的故宫博物院建立在明清两朝皇宫——紫禁城的基础上，历经六百余年兴衰荣辱，是世界上规模最大、保存最为完整的木结构宫殿建筑群。

　　故宫博物院院藏文物体系完备，品类丰富，现有藏品总量已达 180 余万件（套），其中一级藏品 8000 余件（套），堪称艺术的宝库。

　　北京故宫旧称"紫禁城"，由大小数十个院落组成，房屋 9000 多间，整个建筑群为中轴线对称布局，现为故宫博物院。

　　故宫博物院有两个可爱的龙凤吉祥物——壮壮和美美，这种设计表达的是对中华民族文化的传承，体现"龙的精神，凤的内容"。

　　乾清宫是内廷建筑规模最高的宫殿，作为明代皇帝的寝宫，自永乐皇帝朱棣至崇祯皇帝朱由检，共有 14 位皇帝曾在此居住。

九龙壁

　　九龙壁位于紫禁城宁寿宫区的皇极门外，是一座背倚宫墙而建的单面琉璃影壁，壁上的九条龙采用高浮雕制成。

乾清宫门前的铜狮

　　皇帝不仅在乾清宫居住，还在这里批阅奏章、召见官员、举行内廷典礼等。门前的铜狮耳朵耷拉着，是为了警示后宫的人，对于前朝政事要少听少议论。

故宫博物院是中国最大的古代艺术宝库。陶瓷类文物约有 35 万件，而且绝大部分属于清代宫廷藏品。

清乾隆各种釉彩大瓶

这件各种釉彩大瓶集各种高温、低温釉彩于一身，素有"瓷母"之美称，集中体现了当时高超的制瓷技艺，传世仅此一件，弥足珍贵。

1. 珐琅彩胭脂紫地缠枝宝相花

2. 蓝地珐琅彩绘缠枝花纹

3. 仿哥釉

4. 金彩螭龙耳

5. 青花缠枝花绘

6. 松石绿釉

7. 仿钧釉

8. 斗彩缠枝花

9. 粉青釉

10. 霁蓝地描金开光彩绘吉祥图

11. 仿官釉

12. 青花缠枝花

13. 花瓣纹淡绿釉

14. 红地描金彩回纹

15. 仿汝釉

16. 金酱釉描金

17. 红木镂空手雕平安如意座

清烧制瓷器图画

看点：

器身腹部的主题纹饰精美，包括"三阳开泰""吉庆有余""丹凤朝阳""太平有象""仙山琼阁"和"博古九鼎"六幅写实画。

还包括六幅锦地："卍"字、蝙蝠、如意、蟠螭、灵芝和花卉。

六幅锦地

汝窑淡天青釉弦纹三足樽式炉

这是一件仿汉代铜器造型的瓷器，已知全世界仅存三件，它是古人用来温酒的用具，也可用于文房笔洗或陈设礼器。

景德镇窑青花釉里红镂雕盖罐

此罐造型丰满浑厚，纹饰层次鲜明，红、蓝交相辉映，整体大气明艳。青花釉里红瓷器创烧于元代，这一新的釉下彩品种的出现，是元代瓷器生产技术进步的重要标志。

青花压手杯

明代景德镇御窑厂创制的新型瓷杯，因杯子重心偏下，握杯时手中有沉重压手之感而得名。

郎窑红釉穿带直口瓶

该瓷器通体施红釉，因釉质在高温烧造时垂流而使口部显露出白色胎体，底部红釉凝聚，釉色浓重。

故宫博物院的珍宝馆中陈列着约 400 件（套）文物，分别是珠宝、金银、玉石和盆景类文物。它们由金、银、玉、翠、珍珠等珍贵材质制作而成，展现着皇家富丽精致的品味。

金瓯永固杯

金瓯永固杯，高 12.5 厘米，口径 8 厘米。这件金杯的设计及加工皆属上乘，是皇帝专用的酒杯。

看点一：
杯体两侧对称设有夔龙，龙头上方各嵌珍珠一颗，寓意着蒸蒸日上，当头有彩。

看点二：
杯身采用镶嵌点翠等工艺，虽然历史悠久，但杯子依然鲜亮如初。

看点三：
杯体上一共镶嵌了 12 颗蓝宝石、11 颗珍珠、9 颗红宝石、4 块碧玺，非常奢华。

看点四：
金杯底部以三象首为足，外形呈鼎式，意为"太平有象"。

金嵌珍珠宝石塔

这座宝石塔共用黄金 8.5 万克，大珍珠 293 颗，绿松石、红珊瑚、青金石等各种宝玉石 500 余块，整座塔运用了錾刻、锤揲、镶嵌等多种工艺，细腻精湛，是清宫造大型佛塔中的精品。

金嵌珠"万寿无疆"杯盘

这套杯盘的杯部两侧各有一耳，耳上部为莲花托，托上各嵌大珍珠一颗，其下为镂空篆字，一耳为"万寿"，一耳为"无疆"。

玉云龙纹炉

玉云龙纹炉是一件宋代仿古青铜器玉器，通体以"工"字纹为底，以游龙、祥云和海水纹浮雕作装饰，典雅精致。

掐丝珐琅缠枝莲纹象耳炉

这是一件元末明初宫廷御用掐丝珐琅器，色调鲜艳，高贵典雅。炉身所绘的缠枝莲又名"万寿藤"，连绵不断的莲花和藤蔓花枝缠绕，寓意富贵吉祥。

乾隆款金胎掐丝珐琅嵌画珐琅执壶

这件珐琅执壶造型沿用明代金执壶样式，开光内图案虽作中国人物、景致，但却杂糅了欧洲绘画的表现技法，是一件中西合璧的皇家艺术珍品。

金嵌珍珠天球仪

这个天球仪制作于清乾隆年间，球体用珍珠镶嵌 28 星宿、300 个星座和 2200 多颗星，是流传至今唯一的一件以黄金制成的天球仪模型，弥足珍贵。

双耳活环金瓶松树花卉景

古代匠师们以四季常青的松、早春的玉兰和夏季的月季配嵌花卉纹的錾金方瓶，寓意"岁岁平安"，堪称乾隆年间宫廷像生盆景的佳作。

宝石灵芝盆景

宝石灵芝盆景用青玉碗作盆，木质涂金的枝干上镶嵌着白玉、黄玉、翡翠、玛瑙等宝石雕琢的灵芝头，色彩纷呈，玲珑可爱。

乘槎仙人盆景

彩绘泥塑波浪托住天然木根雕刻而成的小舟，周围插着象牙雕刻的莲花、莲叶和莲蓬，安详的老者手持画卷端坐舟中，景色错落有致，意境悠远。

料石梅花盆景

这座盆景以玛瑙雕佛手为盆，以铜丝为梅树枝，白玉做梅花，青玉做花叶，并且点缀着几朵牙雕菊花，色彩搭配明快清丽，淡雅而又妩媚。

故宫博物院收藏着 1500 多件钟表仪器，这些钟表来自于外国使团或组织馈赠、官员进献、清廷自主制造等几种途径……它们装饰华贵，制作精美，具有很高的文化价值和艺术美学价值。

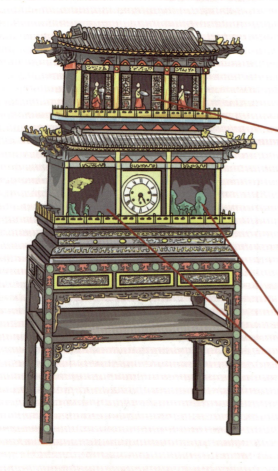

看点一：

上层楼阁有三个能开闭的小门，每逢 3、6、9、12 时乐起门开，三人敲钟碗报时，乐止，三人退回，楼门自动关闭。

看点二：

下层楼阁正中为双针时钟，钟盘上装饰着造办处特有的黄色珐琅，左右分别是"海屋添筹"和"群仙祝寿"的布景箱。

黑漆彩绘楼阁群仙祝寿钟

这座时钟制作于清乾隆年间，历时五年多，此钟共有 7 套机械系统，分别控制走时、报时、景箱内的活动装置等，具有相当高的技术水准。

鸟音山子水法钟

法国制造

铜镀金象驮琵琶摆钟

英国制造

铜镀金奖杯式寒暑三面表

法国制造

铜镀金转花自鸣过枝雀笼钟

英国制造

汽船式风雨表

法国制造

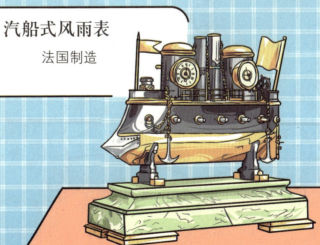

铜镀金象拉战车乐钟

英国制造

秦始皇帝陵博物院

秦始皇帝陵博物院建于被誉为"世界第八大奇迹"的秦始皇帝陵兵马俑坑遗址上。展出包括兵马俑将士、铜车马及各种陪葬器物。置身博物馆之中，你将会为之深深震撼。

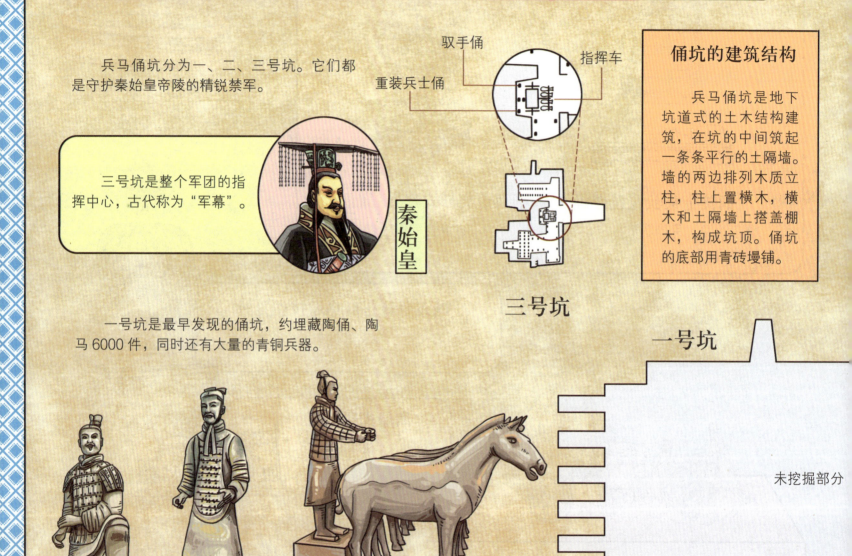

兵马俑坑分为一、二、三号坑。它们都是守护秦始皇帝陵的精锐禁军。

三号坑是整个军团的指挥中心，古代称为"军幕"。

秦始皇

驭手俑

重装兵士俑

指挥车

三号坑

俑坑的建筑结构

兵马俑坑是地下坑道式的土木结构建筑，在坑的中间筑起一条条平行的土隔墙。墙的两边排列木质立柱，柱上置横木，横木和土隔墙上搭盖棚木，构成坑顶。俑坑的底部用青砖墁铺。

一号坑是最早发现的俑坑，约埋藏陶俑、陶马6000件，同时还有大量的青铜兵器。

一号坑

未挖掘部分

弩军

军吏俑

战车（战车部分已经损坏）

将军俑

战车士兵俑

马俑

骑兵俑

驭手俑

二号坑

跪射俑

立射俑

二号俑坑较一号俑坑的内容更加丰富，兵种更齐全，是兵马俑坑中的精华。

驭手俑

将军俑

武官俑

战车

已挖掘区

目前挖掘并展出的只是整个"地下军团"的极小一部分，其余部分还有待进一步的研究。

重装兵士俑

轻装兵士俑

11

一号俑坑东西长 230 米，南北宽 62 米，距现地表深 4.5～6.5 米，面积为 14260 平方米。它是一座大型的俑坑。

兵马俑平均身高超过 180 厘米，相貌栩栩如生，各不相同，排列成威风凛凛的军阵。

排列在一号坑最前列的是轻装步兵战线。

二号坑中出土的彩绘兵马俑。实际上兵马俑一开始都有颜色，只是因年代久远，大部分兵马俑的色彩都风化剥落了。

二号坑面积比一号坑相对小一点，是由弩兵、战车、战车骑兵及战车步兵组成的混合编队。

作为指挥部的三号坑是凹字形坑，一架驷马战车和四名驭手面向东方，南北两边安放着 64 尊卫士俑。

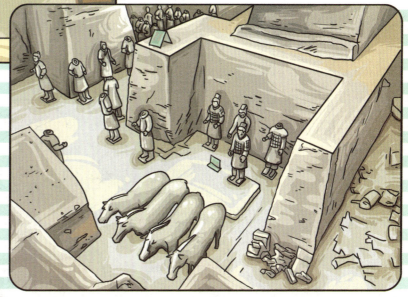

古人如何制作兵马俑

以黄土混合各种土壤为原料，手捏塑形，从脚部往上堆塑出空心躯体，头、躯干和手部会分开制作，烧制好后再组装到一起，最后上色。

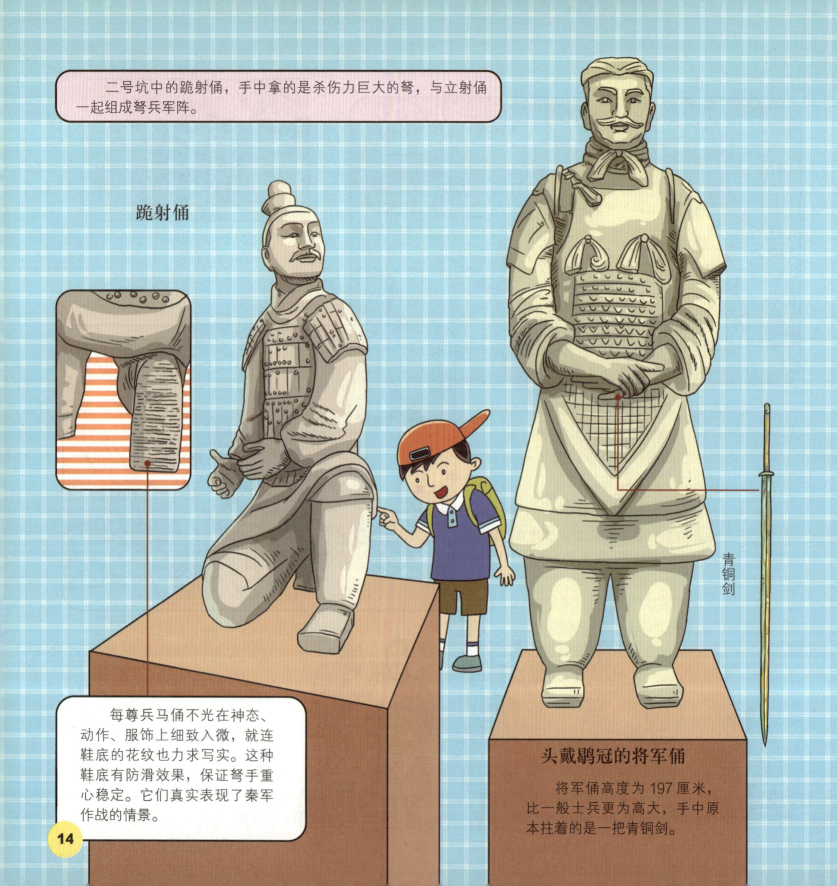

二号坑中的跪射俑，手中拿的是杀伤力巨大的弩，与立射俑一起组成弩兵军阵。

跪射俑

每尊兵马俑不光在神态、动作、服饰上细致入微，就连鞋底的花纹也力求写实。这种鞋底有防滑效果，保证弩手重心稳定。它们真实表现了秦军作战的情景。

青铜剑

头戴鹖冠的将军俑

将军俑高度为 197 厘米，比一般士兵更为高大，手中原本挂着的是一把青铜剑。

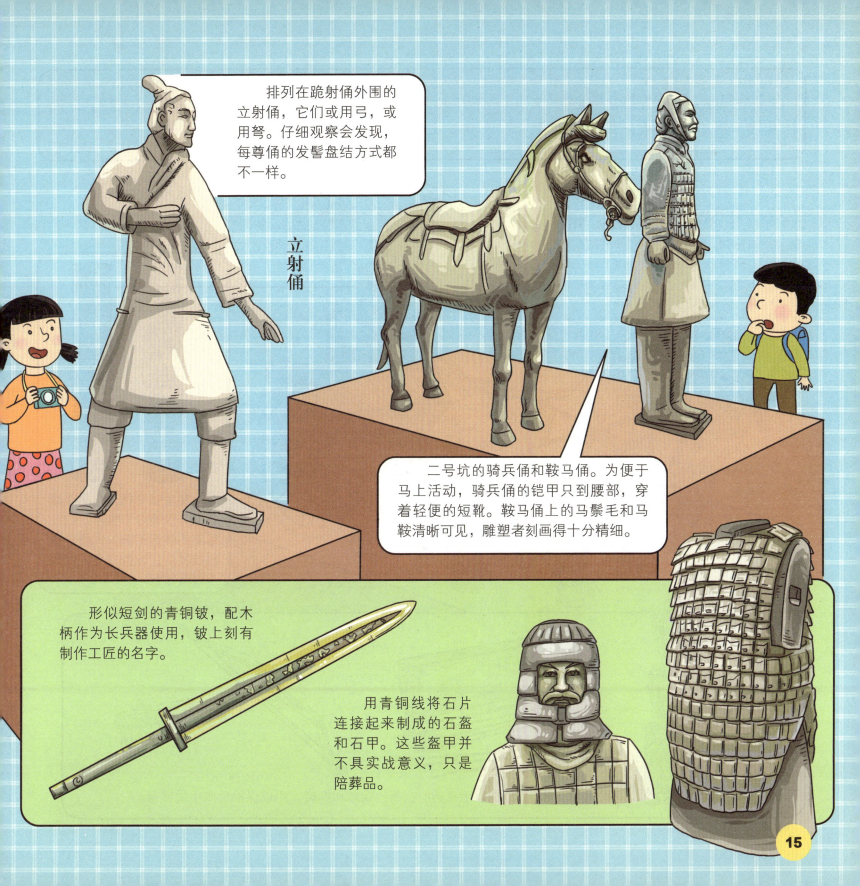

排列在跪射俑外围的立射俑，它们或用弓，或用弩。仔细观察会发现，每尊俑的发髻盘结方式都不一样。

立射俑

二号坑的骑兵俑和鞍马俑。为便于马上活动，骑兵俑的铠甲只到腰部，穿着轻便的短靴。鞍马俑上的马鬃毛和马鞍清晰可见，雕塑者刻画得十分精细。

形似短剑的青铜铍，配木柄作为长兵器使用，铍上刻有制作工匠的名字。

用青铜线将石片连接起来制成的石盔和石甲。这些盔甲并不具实战意义，只是陪葬品。

博物院还陈列着曾震惊世界的文物：一号和二号铜车马。它们为实物的一半大小，由 3000 多个零件组成，做工精细，被誉为"青铜之冠"。

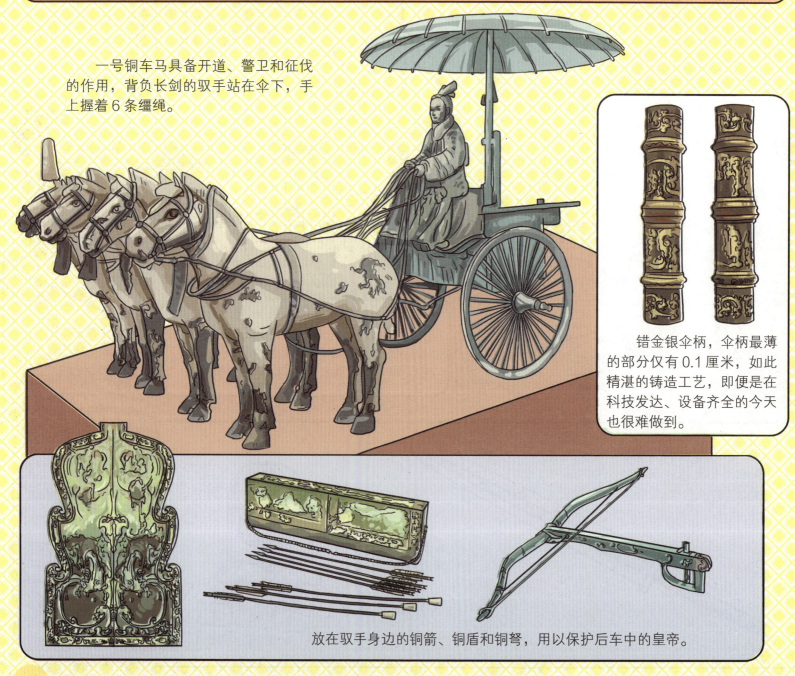

一号铜车马具备开道、警卫和征伐的作用，背负长剑的驭手站在伞下，手上握着 6 条缰绳。

错金银伞柄，伞柄最薄的部分仅有 0.1 厘米，如此精湛的铸造工艺，即便是在科技发达、设备齐全的今天也很难做到。

放在驭手身边的铜箭、铜盾和铜弩，用以保护后车中的皇帝。

二号铜车马是秦始皇的銮驾，采用了最先进的马车技术。车盖为椭圆形，车身为方形，象征着"天圆地方"。

能为皇帝驾车的驭手极为重要，因此其地位也相应较高。从二号铜车马驭手头上戴着的鹖冠就能看出来。

铜马涂着白色颜料，容光焕发，神态逼真。内侧为套着马轭的服马，外侧为骖马。

车两侧是推拉车窗，车后部的门也可以打开，并从外部上锁。2200多年过去了，门窗开合依然很顺畅。

考古学家相信，当年秦始皇就是乘坐着这样的马车，在浩浩荡荡的随从的簇拥下巡行天下的。

大英博物馆

大英博物馆于 1753 年建成，1759 年对公众开放，是世界上历史悠久、规模巨大的综合性博物馆。其馆藏来自世界各地，数量多达 800 多万件。200 多万年的人类历史和文明都汇集其中。

打开埃及古文明大门的钥匙——罗塞塔石碑

石碑为黑色玄武岩，局部残缺，现存部分高 114 厘米，刻有古埃及国王托勒密五世的登基诏书。石碑上采用古埃及象形文字、通俗体文字和古希腊文字刻写了相同的内容，为解读古埃及象形文字留下了突破口。

首先，学者根据专门放置国王姓名的"王名框"，将古希腊文的"托勒密"和象形文字相对应。

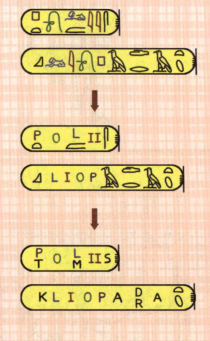

然后把罗塞塔石碑上的"托勒密"王名框（上图）与菲莱神庙方尖碑的"克里奥巴特拉"王名框（下图）进行对照，找出同样的符号。

把两个王名框中共同的部分与相同位置的象形字符对照起来，然后转换为字母。

剩下的符号也以这种方法逐一解读，这样就推出了各个象形文字对应的英文字母。

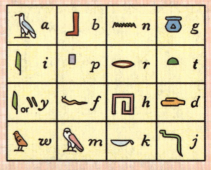

部分象形文字和字母的对应关系

14 世纪出现在墨西哥中央高原的阿兹特克帝国，于 1521 年被西班牙殖民者摧毁，其发达的文明也随之中断。要想一睹这个神秘帝国往日的荣光，可以来参观收藏了部分阿兹特克文物的大英博物馆。

绿松石对阿兹特克人有神圣的意义，一般用来制作神像。这条绿松石摩赛克双头蛇就是其中的代表作。它由中空的木头雕成，外部用绿松石马赛克精心镶嵌，弯曲部分穿洞，可供仪式时祭司佩戴在脖子上。

绿松石摩赛克
双头蛇

阿兹特克绿松石摩赛克面具

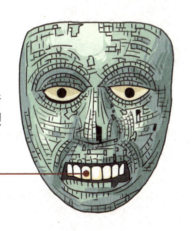

这副面具代表着阿兹特克神话中的烈日之神——托纳提乌。

牙齿以珍珠贝制成

绿松石烟镜神面具

此藏品是在真人头骨上镶嵌宝石做成的装饰品，展出时引起了极大争议。

有关东方波斯文明的藏品是大英博物馆的重要典藏之一，尤其是波斯帝国的肇始，率先统一的阿契美尼德王朝的藏品。于中亚阿姆河地区出土的大量金银制品则被看作该王朝的重要代表。它们大多制作于公元前 5 世纪至公元前 4 世纪，展示了该时期的金银制作工艺水准。

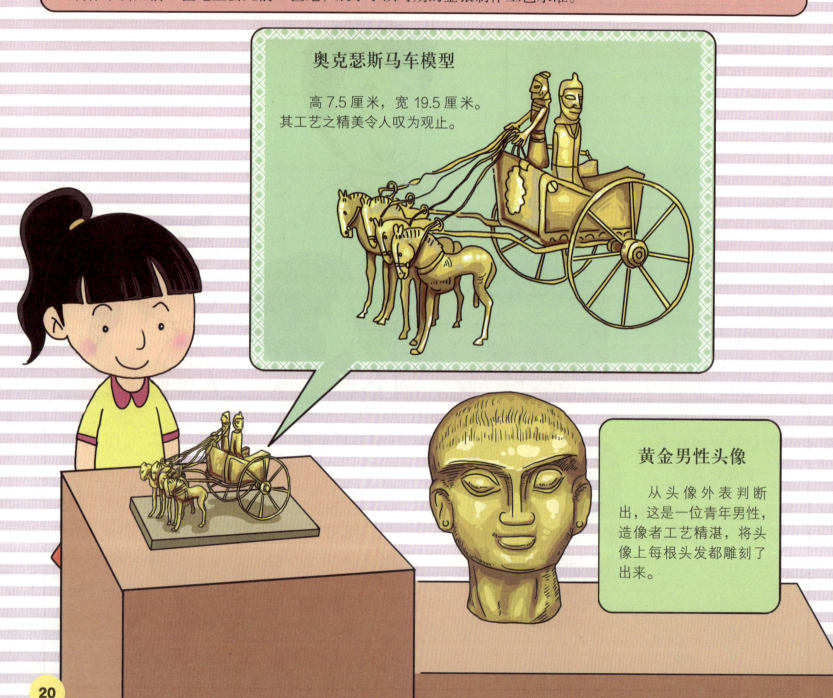

奥克瑟斯马车模型

高 7.5 厘米，宽 19.5 厘米。
其工艺之精美令人叹为观止。

黄金男性头像

从头像外表判断出，这是一位青年男性，造像者工艺精湛，将头像上每根头发都雕刻了出来。

古波斯黄金臂环

臂环上面雕刻着两只半狮半鹫的格里芬像，其上原本镶嵌的珠宝已经遗失。这件首饰是阿契美尼德王朝珠宝饰品中的代表作品之一。

黄金装饰牌

长 15 厘米，宽 7.5 厘米，黄金牌上刻的是一位米底人在参加某种宗教仪式。正是这些通过艺术品流传下来的形象，我们才有机会看到几千年前历史的模样。

沙普尔二世银盘

银盘展现萨珊国王沙普尔二世猎杀雄鹿的画面，这是一个由上好的白银制成的浅底盘，中间还缀有黄金。

地处伦敦，大英博物馆自然也收藏着来自本土、本民族的珍贵文物。这些展品都可以在盎格鲁－撒克逊展区看到。

盎格鲁－撒克逊早期的玻璃器皿，制作年代都集中在约5—7世纪。

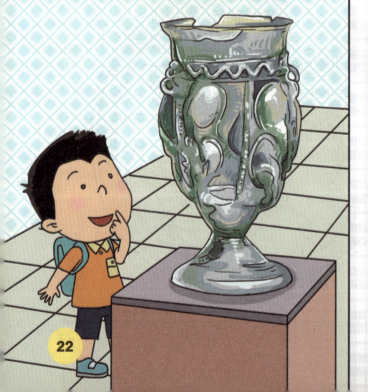

萨顿胡的船棺葬是博物馆的精品馆藏。船棺葬记录着一段精彩的历史：当一位维京酋长死后，亲友们会把他的遗体和生前的战利品都堆在船上，然后挖一个大坑，将逝者和船放入坑中下葬。

以上是船棺葬仪式复原图。

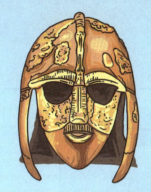

出土于萨顿胡船棺葬的铁兜鍪，迄今为止在英格兰只出土了4个完整的兜鍪。

技术人员复原出了兜鍪的原貌：在铜合金所制的眉板上嵌有银丝和石榴石，还刻有鎏金野猪头图案，是勇气和力量的象征。

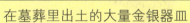

在墓葬里出土的大量金银器皿

精致的钱包盖

华丽的皮带扣

一把铁剑

萨顿胡船棺葬留给后世最大的谜团是——它的主人到底是谁？据猜测，他是一位极具影响力的统治者，这些展示权力且华丽的随葬品也讲述着一个王朝的盛况。

那波利国家考古博物馆

那波利国家考古博物馆主要收藏来自古希腊和古罗马的各种雕塑、壁画等艺术品。其中最重要的珍品来自于一夜之间消失的神秘古城——庞贝。

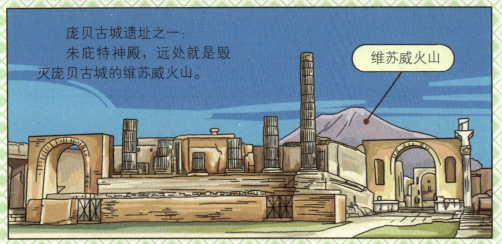

庞贝古城遗址之一：
朱庇特神殿，远处就是毁灭庞贝古城的维苏威火山。

维苏威火山

在庞贝古城的珍品中，最有名的莫过于在"农牧神之家"发现的"跳舞的农牧神"像和"亚历山大大帝"镶嵌画。

"农牧神之家"得名于"跳舞的农牧神"像的发现，它是庞贝古城中最大的豪宅，占地约3000平方米，足足有今天的一个街区那么大。上图为"农牧神之家"遗址现状，"跳舞的农牧神"像就放置在水池的中央。

跳舞的农牧神

为什么"跳舞的农牧神"如此特别?

这尊雕像体现了希腊时期人体雕塑的精髓，肌肉线条流畅自然，充满张力。更为特别的是，如果游客环绕着这尊雕像参观，会忍不住想要伴随着它一同翩翩起舞，这就是艺术的魅力。

塑像为青铜材质，高71厘米，制作于公元前2世纪左右。

谜团重重的画作

在"农牧神之家"发现的另一件稀世珍品是"亚历山大大帝"镶嵌画。据猜测，它描绘的是公元前333年，古希腊亚历山大大帝与波斯国王大流士三世之间的一场战役。

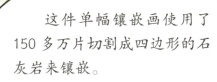

这件单幅镶嵌画使用了150多万片切割成四边形的石灰岩来镶嵌。

镶嵌画

镶嵌画是使用小块玻璃、石片、瓷砖等嵌成的画作，古罗马人常用来装饰地面。

谜团一：

为什么画面主体是战败的波斯国王（右边），而胜利者亚历山大大帝反而处于左边黯淡次要的位置？有人说，这是为了通过刻画失败者的悲剧来凸显胜利者的赫赫战功。也有人说，委托创作这幅画的是亚历山大大帝的部下卡山德，他对亚历山大大帝心怀不满，所以要求画家通过这样的构图方式来削弱亚历山大大帝的功绩。

谜团二：

画作到底刻画的是哪一场战役？据考证，画中场景并不是历史中曾发生的真实战役，有可能是结合亚历山大与大流士三世之间的三场决定性战役后，经艺术的综合加工而成。

在庞贝古城一间住宅的墙壁上，有一对夫妇的肖像画。这幅画折射出公元1世纪庞贝市民日常生活的诸多故事。

镶嵌画《生命逝去的象征》

骷髅头象征死亡，车轮象征命运，蝴蝶象征灵魂，左边的笏和披风象征权力，右边的拐杖象征贫穷。这与庞贝城的命运形成鲜明对照。

壁画中妻子拿着书写板和笔，丈夫拿着卷轴，画家通过这种方式来表现他们的文化品位和教养。

除壁画外，各种日常生活用品也无一不洋溢着艺术的气息。

瓶上图案表现的是罗马神话中爱神丘比特设宴狂欢的场景。上半部分是丰收的葡萄，下半部分是森林中的动物。

蓝色双耳玻璃瓶

制作于公元前1世纪左右，制作它要先吹出白色玻璃瓶，再把蓝色玻璃吹进内侧，最后在白色部分上雕刻图案，可用来盛放葡萄酒。

青铜分枝灯台

台座雕刻的是希腊神话中的森林之王西勒诺斯，是当时常用的家庭照明用具。

埃及博物馆

埃及博物馆坐落在开罗市中心的解放广场，1902年建成开馆。该馆收藏了古埃及从史前时期至希腊、罗马时期的雕像、绘画、金银器皿、珠宝、工艺品、棺木、石碑、纸草文书等文物。其中图坦卡蒙的黄金面具、法老的木乃伊等珍贵藏品是参观的重点。

进入博物馆，你会先看到一块庄严朴实的黑色石板，石板上的站立者正一手抓住跪伏者的头发，用权杖狠狠抽打跪伏者。它记录了古埃及第一王朝的首位法老那尔迈的事迹，上面刻有迄今发现的最早的象形文字铭文。

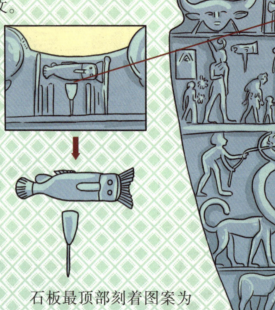

石板最顶部刻着图案为鲶鱼和凿子的象形文字，合起来拼读就是"那尔迈"。

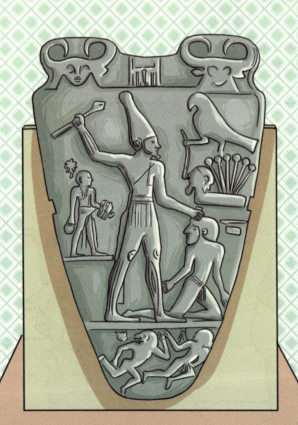

那尔迈调色板

石板材质为绿色片岩，制作于公元前3000年，用于神庙中祭祀神灵。

石板另一面描绘着那尔迈统一上下埃及的场景，上方最右侧横躺着敌军尸体，那尔迈在举着旗帜的大军之后胜利凯旋。下方两只互相缠绕的狮头怪兽象征着上下埃及的统一。最下面是一头踩踏敌人、以牛角摧毁城池的公牛，象征那尔迈的赫赫战绩。

不过，在古埃及统一的 2700 年后，历史学家曼涅托写了《埃及史》，书中的首位法老叫美尼斯，找不到那尔迈的名字。

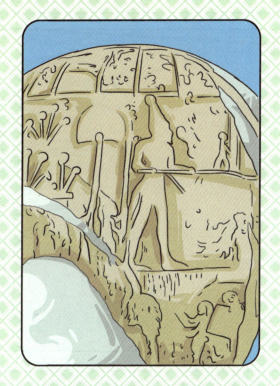

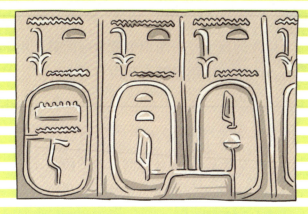

埃及历代法老的名字浮雕，最左边是美尼斯的名字。

还有人在考古中发现了带有蝎子王图案的权杖，从图案来分析，古埃及的首位法老也可能是一位叫作蝎子王的人。

蝎子王头戴白冠，手持权杖，这些王权的标志代表他是一位真正的统治者。

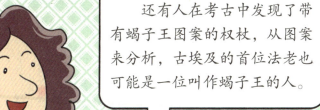

古埃及的第一位法老到底是那尔迈、美尼斯还是蝎子王？这一谜团还有待于人们来解开。

埃及的瑰宝——图坦卡蒙黄金面具，用 11 千克 22K 黄金打造，镶嵌着华丽的宝石。眼线镶嵌着天青石，眼睛则采用黑曜石和白石英石，将法老年轻而英俊的面庞刻画得精致美妙。

图坦卡蒙是古埃及第十八王朝第十二位法老，9 岁登基，19 岁去世。他的陵墓于 1922 年在埃及帝王谷出土，被称为世界考古史上最伟大的发现。

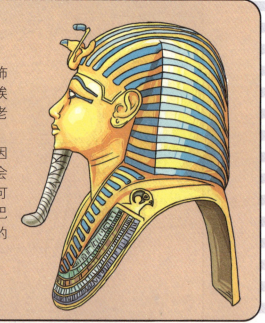

面具额头上装饰着上埃及的秃鹫和下埃及的眼镜蛇，代表法老在上下埃及的统治权。面具画有眼线，这是因为古埃及人相信灾难会从眼部进入，而眼线可以消灾避难。面具下巴上的胡子是法老权威的象征。

面具背面的象形文字来自古埃及经典《亡灵书》，用以祈祷面具在另一个世界保护去世的国王。

考古学家霍华德·卡特和卡尔纳
冯伯爵正在打开法老图坦卡蒙的墓门。

制作法老木乃伊时，其肺、胃、肝、肠
会分别装入 4 个内脏罐中。内脏罐将被放入
贴金木箱，木箱四面有女神守护。

上图中白色的四个雪花石膏罐子即为
内脏罐，盖子均雕成了图坦卡蒙的头像。

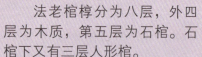

法老棺椁分为八层，外四层为木质，第五层为石棺。石棺下又有三层人形棺。

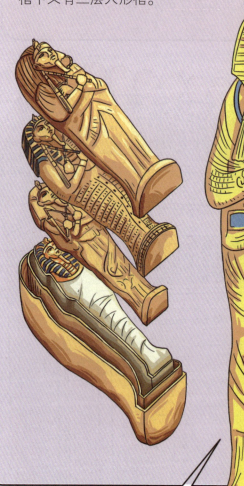

图坦卡蒙的黄金宝座

采用木质镶金工艺，以宝石和银饰装饰。

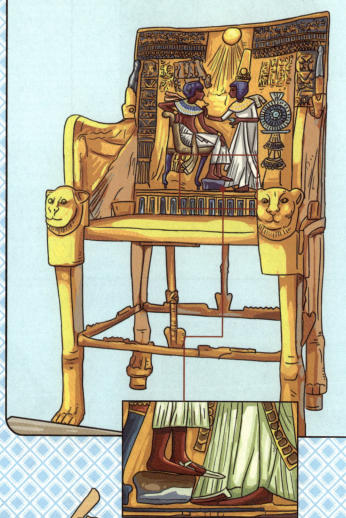

最内层的黄金人型棺，图坦卡蒙法老就沉睡其中。棺材整体为纯金，饰以宝石和玻璃。

座椅正中描绘的是王后正在为法老涂香膏的场景。其中有一个有趣的细节：法老和王后共同穿着一双凉鞋。法老左脚穿鞋，王后右脚穿鞋，可见关系十分亲密。

这是一件狮型容器，狮子胸前刻着图坦卡蒙和王后的名字，里面装着油膏，狮子的眼睛贴有金叶，舌头和牙齿由象牙雕刻而成。整个造型玲珑剔透、华丽精巧。

以玻璃、红玉髓、青金石等装饰的金制圣甲虫胸饰。圣甲虫就是蜣螂，古埃及人把圣甲虫看作圣物和重生的象征。

黑豹背上的图坦卡蒙立像，采用木制包金工艺。

彩绘木箱

木箱侧面描绘着法老在战车上讨伐敌人的战争场景。

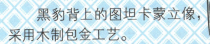

图坦卡蒙的诅咒是真是假？

据说在打开图坦卡蒙陵墓时，人们发现了几处铭文，其中有一处写道："谁打扰了法老的安眠，张开双翅的死神就将降临在他头上。"而考古参与者之一的卡尔纳冯伯爵和其他一些工作人员果然在其后不久相继去世。那么，法老的诅咒是真的吗？

左边是此次考古的赞助人卡尔纳冯伯爵

实际上，伯爵死于蚊虫叮咬引起的感染。主持考古工作的卡特身体十分健康，直到 1939 年才去世。而其他一些人的死讯后来被证明不过是谣传而已。"图坦卡蒙的诅咒"就这样不攻自破了。

34

法老的死亡之谜

图坦卡蒙在历史上默默无闻，而他为什么年纪轻轻便死于非命呢？考古学家在检验法老木乃伊的时候，发现了一处头部外伤和左腿骨折。因此有人认为他是被暗杀的，也有可能死于伤后的细菌感染。不过这些说法并不充分。

在古埃及的和平时期，人们的生活十分富庶。从出土的莎草纸、壁画中可以得知当时的人们以面包和谷物为食，喝着啤酒和葡萄酒。特别是中王国时期流行用模型陪葬，这些有关生活场景的模型给后世留下了宝贵的历史资料。

清点牛群

上色木雕场景：制作于公元前 2000 年左右（第十一王朝），出土于古埃及第十一王朝的贵族麦克特瑞墓中。20 多只颜色不同、花纹各异的牛彰显着主人的财力。木雕初看雕工朴实无华，实际上其动作神态栩栩如生。木雕将古埃及人的生活惟妙惟肖地还原了出来。

除"清点牛群"模型场景外，博物馆中还陈列了各种各样的生活场景。

织布工木雕模型

制作于公元前 2000 年左右，模型表现的是几十位女工用织布机纺织亚麻布的情景。这些女工往往受雇于巨富之家。模型给考古学家提供了珍贵的信息：古埃及所使用的织布机的年代和大概结构。

捕鱼木雕模型

制作于公元前 2000 年左右。尼罗河滋养了古埃及人，捕鱼是当时常见的生产劳作画面。

卢浮宫博物馆

卢浮宫曾是法国历代国王的王宫，是法国古典主义时期最珍贵的建筑物之一，它是世界著名的艺术殿堂，收藏了来自世界各地的40多万件藏品。由贝聿铭设计的玻璃金字塔成为卢浮宫的标志。

部分天文学家坚信黄道十二宫的图像是真实的星图，而有些学者认为这些图像只是古埃及人的宗教信仰。无论如何，这件绚丽的作品展现出古埃及人拥有先进的天文知识体系。

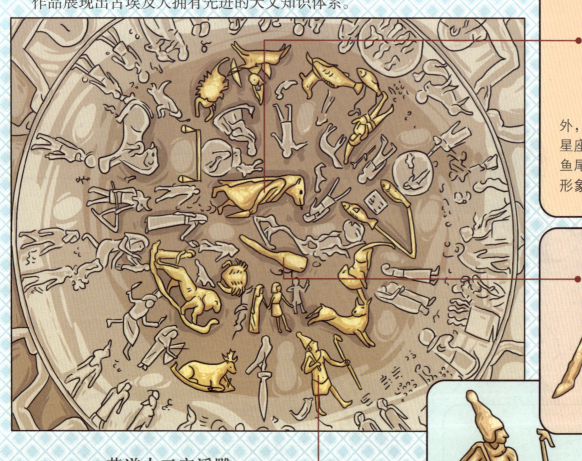

黄道十二宫浮雕

此浮雕是在拿破仑远征埃及时被发现于埃及哈托尔神庙的天花板上。创作于公元前50年左右。

浮雕中除黄道十二宫外，还有埃及人自己的独特星座，如河马座，它是带鳄鱼尾巴的半人半河马的孕期形象，是孕妇的保护神。

公牛前腿座，这个名字古怪的星座代表着埃及人心目中最高级的贡品——公牛前腿。它实际上是由北斗七星组成的。

代表冥王奥西里斯，实际上是猎户座腰上的那三颗星。

古埃及人用来丈量田地或修建工程使用的木质量尺，称为腕尺，长52厘米，制作于公元前1300年左右。腕尺是古埃及特有的长度单位，表示从手肘到中指前端的长度，一腕尺长约45~55厘米。

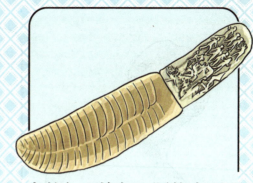

吉伯尔·埃尔·阿拉克石刀

制作于公元前3300年左右，刀柄是河马的牙齿，雕刻有精美图案，刀刃是燧石。在当时是某位重要人物的用品。

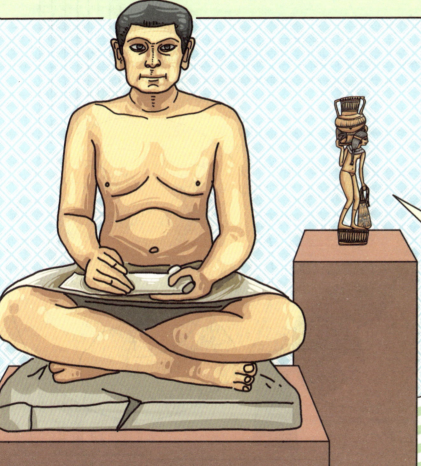

书记官坐像

运用了彩绘工艺，为石灰岩材质，眼睛用水晶石制成，制作于公元前2600年左右。其神态十分逼真，手指及指甲被雕刻得十分精细，手中的笔早已遗失。

少女汤匙

木头材质，创作于公元前1350年左右，少女背负的水罐是一个可移动的盖子，盖子下面是一个汤匙。造型别致，雕工精美。

卢浮宫内，希腊和罗马时期的艺术珍品比比皆是。

来自希腊时代的代表作品：米洛斯的维纳斯。以"断臂维纳斯"之名闻名于世。是古希腊雕塑家阿历山德罗斯于公元前 150 年左右创作的大理石雕塑。这尊雕像表达的是古希腊理想美的观念，是迄今发现的希腊女性雕像中被公认的最美的一例。

若以肚脐作为分界点，其身体呈现出完美的黄金比例。而其脸部五官的比例也是十分和谐且完美的。

雕像原来戴有首饰，但现在只剩下固定用的孔洞。

红绘式圣餐杯

由尤夫罗尼奥斯制作于公元前515年左右。以特洛伊战争场面为绘画题材。造型典雅，笔触优美。

胜利女神像

制作于公元前190年左右。被发现时，其头部、双臂和右翼均被损毁，目前的右翼是根据左翼复制的。从右前方45°位置看去，女神御风飞翔的英姿被表现得淋漓尽致。

从希腊时代进入罗马时代，艺术风格从唯美浪漫转为庄重写实。艺术作品往往是对公共生活的忠实记录。这幅发现于公元前100年的大理石浮雕"多米提乌斯·阿赫诺巴布斯的祭坛"就是此中精品。

①为征兵进行财产调查登记。根据资产状况，市民们被分配到不同级别的军队中。

②在战神玛尔斯面前，戴着头巾和桂冠的祭司们。

③人们把作为祭品的牛、羊、猪带入广场。

④装备头盔和长盾的士兵们。

希腊和罗马的时代结束后，欧洲艺术经历了罗马式、哥特式、巴洛克式到洛可可风格的一系列变化。

查理大帝骑马像

青铜质地，制作于公元9世纪。据说骑马者是著名的查理大帝。

狩猎女神狄安娜

大理石像，16世纪中期作品，表现的是古希腊神话题材。

菲利普·波特墓　制作于15世纪。菲利普是当时法国权倾一时的大贵族。其墓碑为典型的末期哥特式雕塑风格，沉重黯淡，充满悲剧色彩。

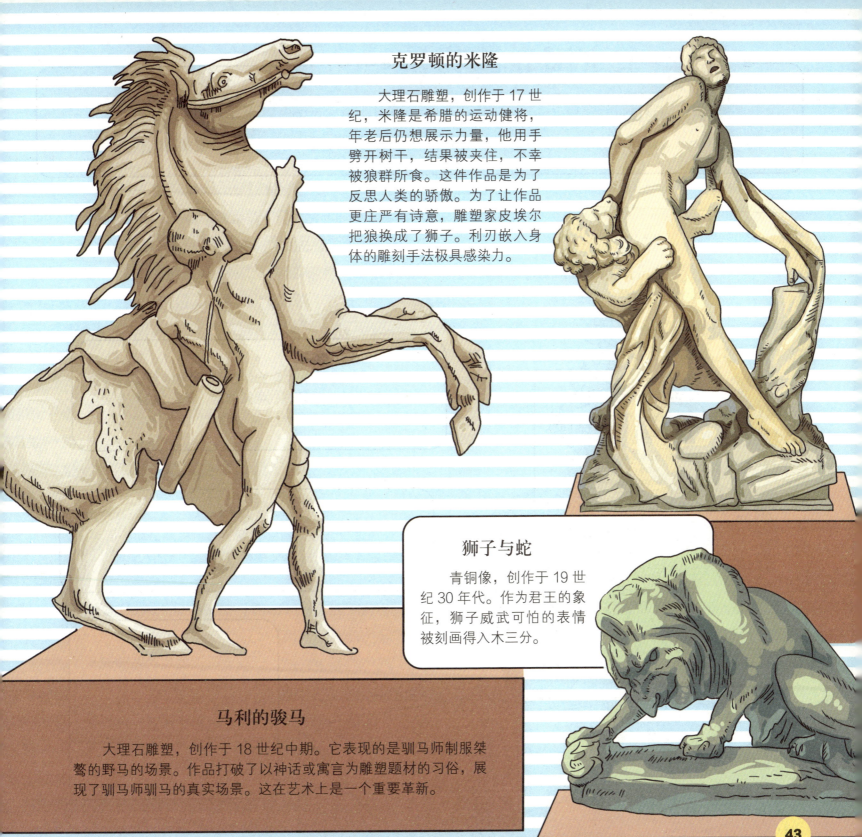

克罗顿的米隆

大理石雕塑，创作于 17 世纪，米隆是希腊的运动健将，年老后仍想展示力量，他用手劈开树干，结果被夹住，不幸被狼群所食。这件作品是为了反思人类的骄傲。为了让作品更庄严有诗意，雕塑家皮埃尔把狼换成了狮子。利刃嵌入身体的雕刻手法极具感染力。

狮子与蛇

青铜像，创作于 19 世纪 30 年代。作为君王的象征，狮子威武可怕的表情被刻画得入木三分。

马利的骏马

大理石雕塑，创作于 18 世纪中期。它表现的是驯马师制服桀骜的野马的场景。作品打破了以神话或寓言为雕塑题材的习俗，展现了驯马师驯马的真实场景。这在艺术上是一个重要革新。

东京国立博物馆

东京国立博物馆收藏了超过 11 万件文物，其中国宝级文物为 87 件，主要来自日本和亚洲，是日本最大的博物馆。每隔半年左右，博物馆的展品会进行轮换，让游客每次参观都能有崭新的收获。

遮光器土偶

土偶高 34.2 厘米，制作于绳纹时代晚期。那时日本还没有文字。它可能是象征孕育、多产和生命的女神形象。

因其眼睛酷似雪地遮光眼镜，所以得名"遮光器土偶"，有人认为这是一张婴儿的脸，象征生命和希望。也有人认为这样的眼睛有"辟邪驱魔"的能力。

通过身体残留的红色颜料，可推测最初土偶为红色，古人认为涂上红颜料可以为土偶注入生命。

土偶被发现时左脚就呈缺失状态，不光是这件遮光器土偶，许多土偶都有类似情况，后世推测这可能是祭祀时有意为之，目的是代替人们承受灾难。

绳纹时代人们的生活方式

绳纹时代，人们以狩猎和采集为生。同时也逐渐转为定居生活，并用泥土制成各式各样的陶器。让日常生活变得简单方便。

其他绳纹时代土偶

缺损下半身的绳纹时代中期土偶

宫城县惠比须田遗址
出土的遮光器土偶

猫头鹰土偶

绳纹时代结束后，日本经历了弥生时代，此后又在公元 250 年左右进入了古坟时代。

挂甲武人

这是陶俑中唯一一件国宝级文物，高 130.5 厘米，黏土材质，再现了当时的铠甲和兵器风格。

舞者

制作于公元 6 世纪，是古坟中出土的随葬品，表现的是葬礼上的歌舞场景。

金铜制冠帽

属于国宝级文物，制作于公元5—6世纪，是贵族的陪葬品，帽侧面是龙形图案。

金耳饰

制作于公元5世纪，是随着墓主人一起下葬的陪葬品。它的三叉状造型十分罕见。

在古坟时代，因当时的统治者大量修建巨大的坟墓而得名，许多珍贵文物就出土于这些古坟之中。

玻璃碗

制作于公元6世纪，是表面加工出圆形切面的雕花玻璃碗，也叫琉璃碗。由于日本掌握自制玻璃的技术较晚，所以判断这样完整的大件器极有可能是从日本外部流入的艺术品。

进入室町时代（1336年—1573年）和江户时代（1603年—1868年），日本的艺术品美感与功能性兼备，追求极致繁复的工艺和美。

八桥莳绘螺钿砚箱

这件藏品制作于公元18世纪的江户时代。盒面描绘的是八桥地区的美景。

打开盒盖，内部为双层结构，上层（中图）放砚台，下层（右图）用于放纸张。盒底部（左图）还绘有水波花纹。

花瓣以贝壳镶嵌，称为螺钿，叶片涂以金粉，黑漆为底，色彩搭配华丽高雅。

唐织 胴箔地松帆图案

唐织 红地鸾唐草图案

唐织 淡红地笼目秋草花丸图案

18 世纪的能剧服装

能剧是日本的传统舞台表演艺术，其图案极尽华美。

樫鸟线肩赤威胴丸

制作于公元 15 世纪的室町时代。胴丸，是日本一种传统铠甲的名字。这是胴丸中做工最为精细的一套盔甲，精巧的金色部件是作品的点睛之笔。

冬宫博物馆

俄罗斯·圣彼得堡

冬宫博物馆是 18 世纪中叶俄罗斯新古典主义建筑的杰出典范，博物馆收藏了 300 万余件雕塑、绘画等艺术品，有多达 400 间陈列室。同时，其恢宏华美的宫殿建筑本身就是一件伟大的艺术品。

能集中体现冬宫建筑之美的，是位于博物馆二楼的"约旦阶梯"，也叫"使节阶梯"。富丽堂皇的冬宫大楼梯，是 18 世纪精美绝伦的遗存。

围绕阶梯，矗立着众多神像，寓意着冬宫是诸神和美德的所在。

丰饶之神
正直之神
忠诚之神
壮大之神
商业之神
正义之神
战争之神
显明之神

50

冬宫的达·芬奇厅，保存有两幅非常珍贵的达·芬奇创作的圣母作品。

《持花圣母》

达·芬奇创作于1478年的一幅油画。圣婴想用右手去抓母亲手中的花朵，左手则试图抓牢母亲。三只手和谐地构成了画面的中心。

《哺乳圣母》

达·芬奇创作于1490年的一幅油画，人们在画面中看到的圣母形象不仅神圣，且更像是一位普通而平凡的母亲。

《圣家族》

拉斐尔的名画，表现的是圣母玛利亚、圣子耶稣和耶稣养父约翰一家。约翰并非耶稣的亲生父亲，因此他看向耶稣的眼神充满了微妙的怀疑之情。据说其面容参考了拉斐尔自己父亲的模样。

蹲伏男孩

这是冬宫博物馆收藏的唯一一件米开朗琪罗的雕塑真品。

冬宫博物馆与著名的俄罗斯女沙皇叶卡捷琳娜二世渊源甚深，作为博物馆的冬宫，首个任务就是收藏女沙皇的油画。因此，目前馆内许多藏品和展厅都和叶卡捷琳娜二世有关。

孔雀钟

材料为青铜和黄金。孔雀是罗马主神朱庇特的妻子朱诺的象征，它是波将金公爵为叶卡捷琳娜二世精心准备的礼物。用以表达崇敬和爱慕之情。

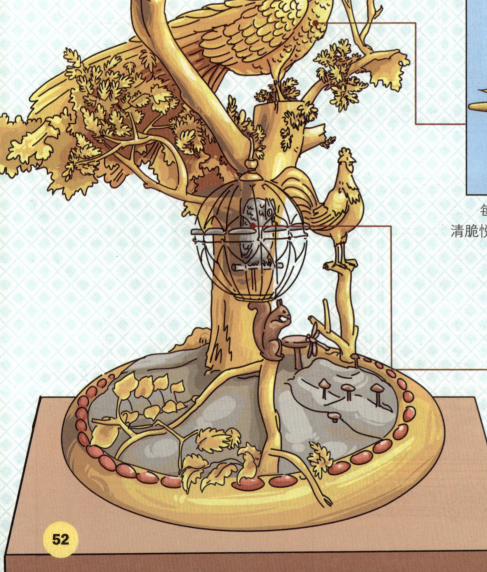

每到整点，孔雀便会张开双翼，伴随着清脆悦耳的报时声绕行一周。

整点时，猫头鹰也会在报时声中开始转动头部，一双大眼睛如同哨兵般四下巡视。

叶卡捷琳娜二世加冕时所用的皇冠，共镶嵌了 2858 克拉重的 4836 颗钻石，整体由象征东、西罗马帝国的两个半球构成，皇冠顶部镶嵌着世界上最大的红色尖晶石。

坐在椅子上的伏尔泰

法国著名雕塑家让·安东尼的作品，完成于 1782 年，崇拜伏尔泰大师的叶卡捷琳娜二世特意向他定制了这尊雕像。

安放在法国厅的叶卡捷琳娜二世的马赛克画像，其马赛克镶嵌工艺十分精致。

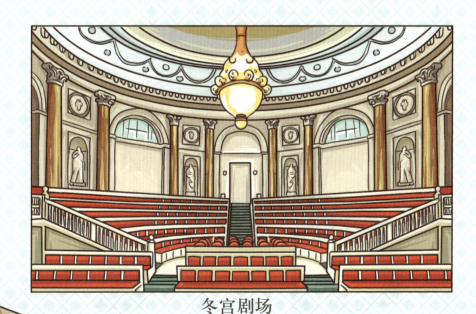

冬宫剧场

由叶卡捷琳娜二世下令建造，1783 年动工，1786 年完成。

公元前8世纪至公元前3世纪，在俄罗斯的广袤草原上曾活跃着一个古老的游牧民族，这就是斯基泰人。在他们的墓葬中发现了大量精美而优雅的金器和青铜器，如今已成为冬宫博物馆的收藏珍品。

俄罗斯图瓦阿尔赞墓地出土的斯基泰人金鹿头饰，鹿的造型对斯基泰人有着特殊的意义。

斯基泰人主要生活在中亚地区，他们都是优秀的猎手和牧人。

（1）雄鹿的鹿角每年都会脱落再生，随着年龄的增长，鹿角分叉会越来越多。斯基泰人认为这象征着生命再生的魔力。

（2）人们认为用鹿角磨粉可以带来充沛的精力，是难得的补品和药材。

（3）鹿的四肢弯曲，给人以即将跃起之感，体现了斯基泰人勇武自信的民族性格。

除了用鹿的造型作装饰外，用其他动物形象制作成金饰也是斯基泰人的喜好。

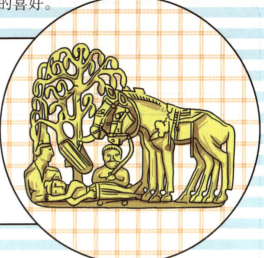

斯基泰人表现神话场景的金饰，树上悬挂的可能是斯基泰人的箭袋，从马的造型和装备来看，那时候马镫还没有出现。

斯基泰人的黄金梳子。武器、马和战斗是斯基泰人永恒的主题，哪怕是用于装饰的梳子也是如此。

黄金龙形皮带扣。画面中两条身姿矫健的龙首尾纠缠在一起，看上去似乎左右对称，实际上却有着细微的区别。龙身上镶嵌着绿松石和红玉髓。

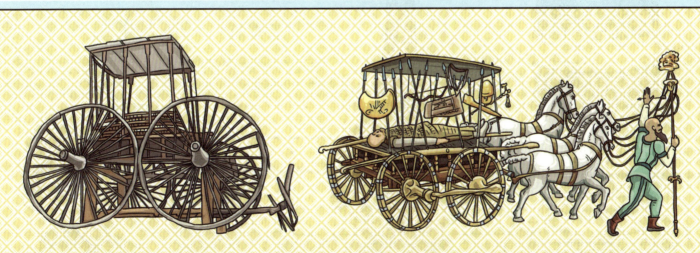

斯基泰人的四轮车，制作于公元前5世纪至公元前4世纪，采用桦木制作，可以拆卸。

统治俄国三百多年的罗曼诺夫王朝是俄罗斯历史上第二个及最后一个王朝，也是国力最强大的王朝，从该时期的艺术品就能窥见一二。

牙骨雕花瓶

海象牙材质，牙骨雕是俄罗斯的传统工艺，一般用海象牙或牛骨制作。上部有 4 个椭圆形装饰，象征着四季。顶部的玫瑰花苞可以取下。

这是波兰公主陪嫁的金质珠宝盒，上面镶嵌着各种名贵宝石和珍珠，绘着彩色珐琅。

香薰瓶

宝石装饰的巅峰之作，瓶身由各种尺寸的优质钻石、红宝石、祖母绿和珍珠镶嵌而成。

俄国沙皇亚历山大二世的元帅杖，杖身为金银材质，两端以钻石和祖母绿镶嵌出盾形徽章。

沙皇宝座

台阶上的沙皇宝座是为保罗一世订做的镀金软椅。宝座上的图案汇集了用金银线手工缝制的双头鹰国徽、皇冠、荣誉花环组成的花型图案。

钟柜

以木、银、珐琅、象牙等材料制成，其造型如同教堂，尽显罗曼诺夫王朝豪奢华贵的风尚。

秘鲁国家考古人类学历史博物馆

通过秘鲁国家考古人类学历史博物馆，你可以从馆藏的10万件文物中了解到秘鲁从神秘莫测的安第斯文明到近代的历史。馆藏展区根据秘鲁历史分为形成时期、地方发展时期、瓦里时期、地方王国时期和印加时期五个主要部分。

形成时期的馆藏文物主要展示了从公元前1800年至公元元年安第斯文明诞生之初的石雕、土器、织品等文物。

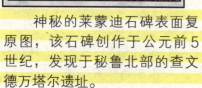

神秘的莱蒙迪石碑表面复原图，该石碑创作于公元前5世纪，发现于秘鲁北部的查文德万塔尔遗址。

石碑上没有文字，只有各种猫科动物和人融合而成的半人半兽形象，可能是原始宗教眼中的神话世界。

半人半兽手持蛇头权杖，象征神力和巫术。

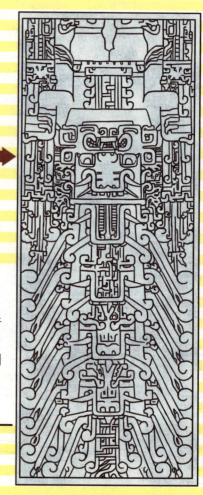

将石碑上下翻转，半人半兽图会变成鳄鱼图，可能象征着祭司或首领拥有超自然的变身能力。

地方发展时期及瓦里时期馆藏

公元元年到 600 年，秘鲁北部的莫切文化开始兴起，类似城邦的国家发展起来。以人物造型的土器是该时期的典型代表作品。

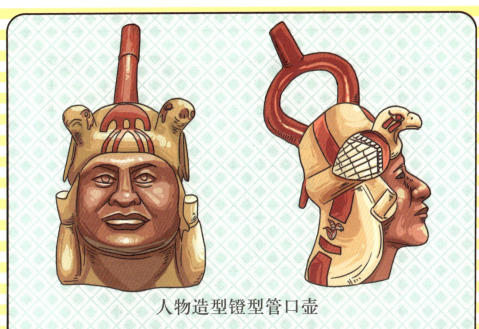

人物造型镫型管口壶

莫切文化的巅峰代表作品，黏土材质，制作于公元 5 世纪左右。

除莫切文化外，还有以陶器和织物著称的南部沿海纳斯卡文化，以及公元 600 年左右发展起来的秘鲁中部瓦里文化。

阿伊阿帕艾克权杖

此藏品为国王权杖，属于莫切文化，顶端雕像是国王和莫切创造神的结合。

墓葬时用的装饰布，属于纳斯卡文化，织布外圈编织着精细可爱的小鸟。

从公元 11 世纪左右至 15 世纪初期，安第斯文明进入地方王国时期，期间大大小小的王国潮起潮落，如西坎、奇穆、昌凯等诸王国，发展出多种多样的文明与艺术。

黄金圣刀

金和绿松石制品。是西坎王国金器文化与艺术的代表作。

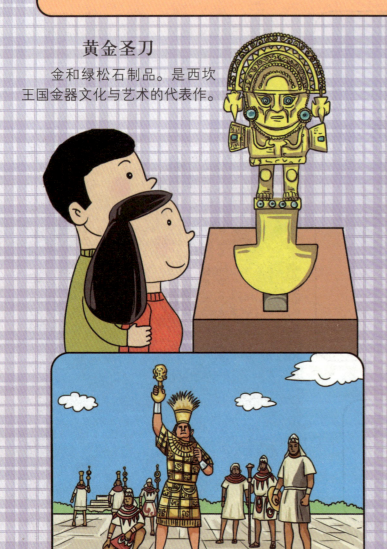

你可能会觉得它并不像刀的模样，实际上，这是国王在祭神仪式中所使用的象征性圣物。握柄处的神像便是人们所信奉的西坎神。

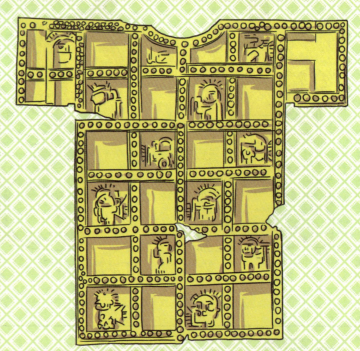

西坎文明时期用于陪葬的金衣，以 8 块金片拼接而成。上面装饰着有西坎神相貌的猛禽图案。据说这种金衣是缝制在衣裳的表面后再穿着。

描绘西坎神形象的黄金面具，其三角眼是西坎神的标志性特点。

昌凯文明的土俑

其造型和表情颇有几分滑稽，扁平头部和神态正是昌凯土俑文化的特征。扁平的头部意味着昌凯人可能有从小用布和木板缠绕头部，使头骨变形，以此来彰显尊贵身份的文化传统。

15世纪末期，从南部崛起的印加帝国征服了整个安第斯地区，文化艺术也随之发生了较大的变化。一方面这一时期的文物表现出配色简洁、以实用为主的印加文明特点，另一方面也兼收并蓄了其他文明的特点。

陪葬用的黄金骆马，骆马可供食用和运输货物，在印加人的生活中十分重要。

印加人通过结绳记事来记录数字。一般会像这样把几十根棉线绑在一起，不同的绳结数量和位置可以组合出不同的数字。

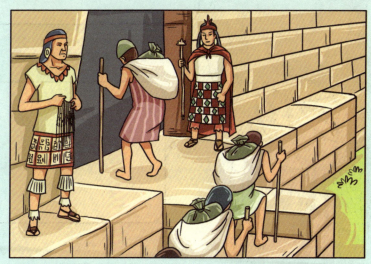

在没有文字的情况下，政府官员用结绳记事的方法来记录贡品的收缴和储存，他们竟以如此简单的方式有效地管理着一个巨大的帝国。

伊斯坦布尔考古博物馆

土耳其地处欧亚大陆之间，各个方向的文化都在这里汇合交融，自然形成了伊斯坦布尔考古博物馆极其多样化的展览风格。其主要可分为安纳托利亚、西亚、东方三大馆藏部分。

安纳托利亚半岛是今土耳其的亚洲部分，自古以来就是东西方文明的交汇处，因此不管是两河流域的艺术作品还是希腊化和拜占庭风格的珍品都荟萃于此。

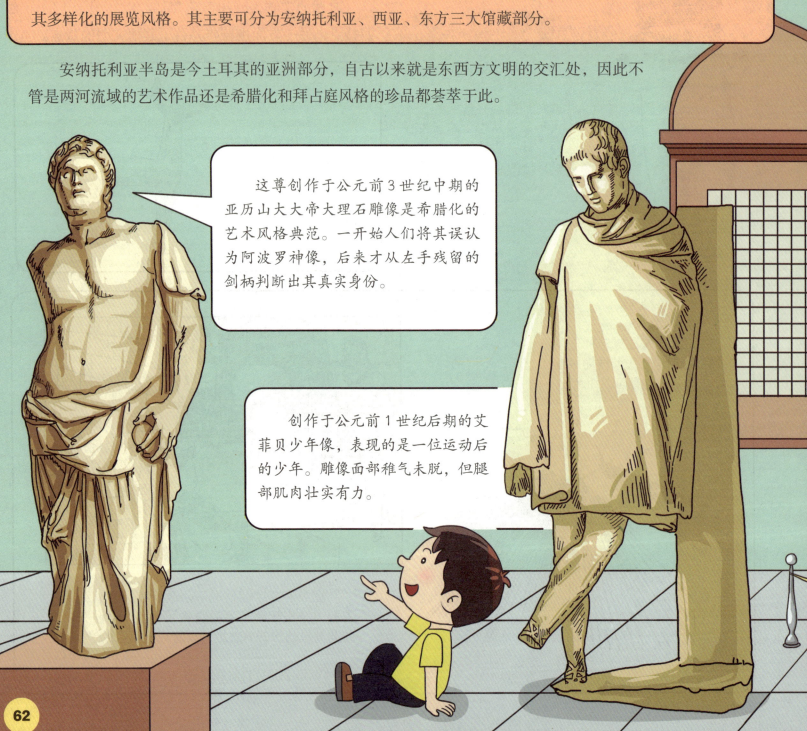

这尊创作于公元前3世纪中期的亚历山大大帝大理石雕像是希腊化的艺术风格典范。一开始人们将其误认为阿波罗神像，后来才从左手残留的剑柄判断出其真实身份。

创作于公元前1世纪后期的艾菲贝少年像，表现的是一位运动后的少年。雕像面部稚气未脱，但腿部肌肉壮实有力。

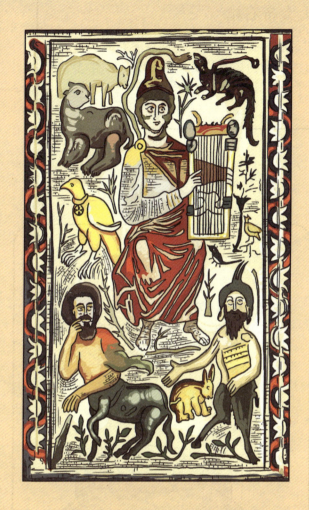

创作于 6 世纪初期的奥菲斯的镶嵌画，用石头和玻璃镶嵌，正中是弹奏竖琴的奥菲斯，左下角是半人马，右下角是牧神，人物面部表情幽默而活泼。

圣欧多西亚像

创作于 10 世纪末期，以有色大理石片镶嵌成的人像，体现了拜占庭文化的艺术特点，即糅合了西方题材和东方的神秘主义色彩。

亚历山大大帝石棺

亚历山大大帝石棺的中部雕刻了亚历山大大帝率军迎战波斯人的战争场面，画面气势恢宏。对于亚历山大大帝的墓葬，史料中的记载非常少，至于石棺真正的主人是谁，还有待于考古专家们的继续研究和考证。

塔伯尼特石棺

塔伯尼特石棺是用古埃及人的石棺改造而成的。其外形有浓厚的埃及风格，黑色的岩石做成人体的形象，棺身刻有埃及象形文字与腓尼基文字的铭文。

在赛达（西顿）地区的王家墓室中，还出土了其他精美石棺。为了更好地展示这些古代墓葬艺术，人们修建了伊斯坦布尔考古博物馆的主馆。

哀伤之女石棺

石棺四壁雕刻成带廊柱的爱奥尼亚柱式神殿风格，廊柱间矗立着 18 位面容哀伤的女性立像。

赛达（西顿）利西亚石棺

制作于公元前 5 世纪，四壁雕刻着狩猎和神话中的战争场面，其艺术风格明显受到希腊雅典帕特农神庙的影响。

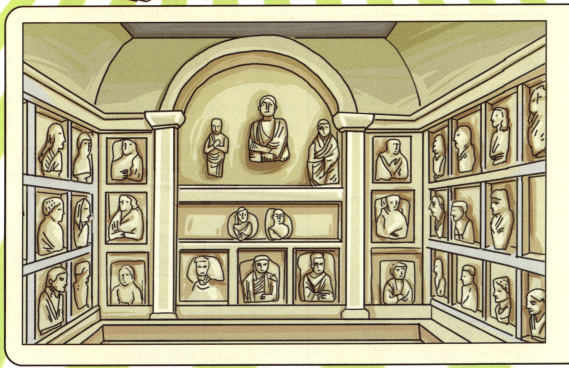

这里模拟重现的是叙利亚帕尔米拉的地下墓室，每个方框都是一个墓。

古东方馆收藏了前伊斯兰时代的阿拉伯半岛、美索不达米亚、埃及和安纳托利亚的建筑。

马里的统治者普祖尔·伊什塔尔的石像。

伊什塔尔城门浮雕

彩釉砖材料，制作于公元前580年左右。当时两河流域神明众多，马杜克是巴比伦城崇拜的主神，他的伙伴神兽龙也就成了其化身。右面彩釉砖墙壁上表现的就是神龙。

守门石狮

玄武岩质地，制作于公元前8世纪，发现于叙利亚，作为守门的雕塑，被成对放在大门的两侧。

这面彩釉砖上的是巴比伦的风暴之神阿达德，它虽然具有破坏之力，但它可以降雨，使农作物丰收。

狮子浮雕象征着巴比伦神话中的金星女神，掌管战争、丰饶和爱情的伊什塔尔，她总是伴随着狮子出现。这座城门就是以女神之名命名的。